DOMINA EL ARTE DEL NETWORKING

Los trucos para crear y cuidar tu red de contactos

Por Elise Evrard

Traducido por Laura Soler Pinson

Coaching en50MINUTOS.es

LAS CLAVES PARA EL ÉXITO

EL *NETWORKING* 1

EL ABECÉ DEL APRENDIZ DE *NETWORKER* 3

¿Qué es el *networking*?

¿Cómo creo mi red?

Mantener tu red: ¿cómo y por qué?

El *networker*, ¿un oportunista?

LOS MEJORES CONSEJOS 16

PREGUNTAS FRECUENTES 19

¿Desarrollar mi red no significa «utilizar» a la gente que me rodea?

¿Dónde y cuándo hacer *networking*?

¿Qué hago si soy tímido?

¿Cómo creo una red de contactos si me falta tiempo?

¿Cómo puedo interesar a los demás si no tengo demasiada conversación?

Nunca sé cómo abordar a la gente. ¿Cómo procedo?

¡AHORA ES TU TURNO! 24

Tus contactos

Tu proyecto

El *elevator pitch*

El *storytelling*

Las redes sociales

PARA IR MÁS ALLÁ 28

EL *NETWORKING*

- **¿Problemática?** ¿Cómo sacar partido a las relaciones para ampliar tu red y alcanzar tus objetivos a nivel profesional?
- **¿Utilidad?** En numerosas situaciones profesionales, una red amplia y diversificada es una ventaja sin igual para ganar en visibilidad, obtener información o consejos, desarrollar nuevas ideas, etc.
- **¿Contexto profesional?** Búsqueda de empleo, prospección de clientes, organización de acontecimientos, evolución de la carrera, etc.
- **¿Preguntas frecuentes?**
    - ¿Desarrollar mi red no significa «utilizar» a la gente que me rodea?
    - ¿Dónde y cuándo hacer *networking*?
    - ¿Qué hago si soy tímido?
    - ¿Cómo creo una red de contactos si me falta tiempo?
    - ¿Cómo puedo interesar a los demás si no tengo demasiada conversación?
    - Nunca sé cómo abordar a la gente. ¿Cómo procedo?

> «Las personas más ricas en el mundo construyen redes. Todos los demás están entrenados para buscar un empleo».
> Robert T. Kiyosaki

Todos tenemos a un amigo que ha encontrado trabajo gracias al amigo de un amigo: Pierre, que conoce a su futuro empleador gracias al jardinero de su tío; Sophie, que habla de su proyecto artístico a su profesor de pilates, que a su vez se lo cuenta a su mujer, que conoce precisamente al marido de una colega que podría ayudarla; o Jean-Jacques, que conoce al que se convertirá en su mejor cliente en una conferencia. Quizás pienses: «¡Qué suerte!».

¿Y si estos encuentros no tuvieran nada que ver con la suerte?

Sencillamente, Pierre, Sophie y Jean-Jacques han sabido sacar partido a una relación con un objetivo profesional. Relaciones tenemos todos: nuestra familia, nuestros amigos, nuestros antiguos colegas, nuestros compañeros de deporte, nuestros vecinos, etc. ¿Y si aprendieses a trabajar tu red de relaciones? Es lo que llamamos «*networking*» o, a veces, «hacer contactos». Este método consiste en crear o en reforzar una red de relaciones a largo plazo para intercambiar conocimientos, servicios o incluso mismas aficiones entre profesionales.

En la época digital, se descuidan con demasiada frecuencia las relaciones humanas. Los valores de compartir, intercambiar y ayudarse mutuamente se consideran a menudo ridículos en el mundo laboral. Pero pueden aportarnos mucho más que un diploma o que el dinero. ¿Estás buscando el trabajo de tus sueños? ¿Deseas escalar posiciones en tu empresa? ¿Estás buscando nuevos colaboradores o nuevos clientes? ¿Aspiras a conocer personas que trabajen en tu sector de actividad para intercambiar conocimientos? ¡Aprende el arte del *networking* y conviértete en un «*networker*» en potencia!

EL ABECÉ DEL APRENDIZ DE *NETWORKER*

¿QUÉ ES EL *NETWORKING*?

Se llama *networking*, o hacer contactos, al hecho de utilizar nuestra red de relaciones en el marco de intercambios entre profesionales. Antes que nada, ser un buen *networker* es un estado de ánimo: se trata de estar abierto a conocer a gente y a crear sinergias con esas personas. Después, podrás sacar partido a esa red de relaciones para alcanzar tus objetivos profesionales.

¿Sabías que la mayor parte de las ofertas de empleo circulan primero por las redes, incluso antes de ser publicadas? Hoy en día, si queremos destacar, el *networking* es un aliado indiscutible y una poderosa herramienta profesional que te llevará por el camino del éxito siempre que sepas utilizarla.

Los seis grados de separación

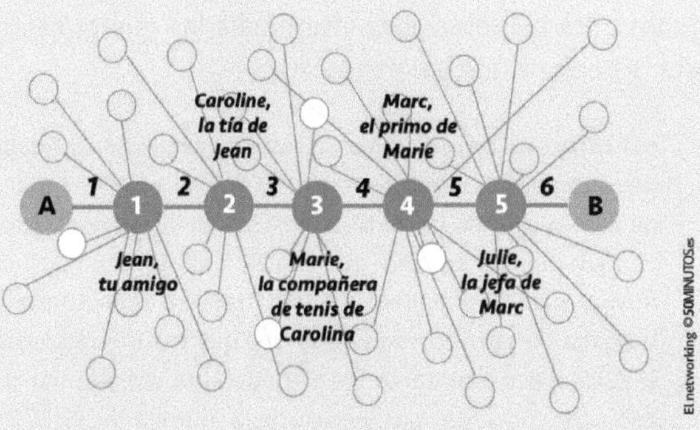

El nacimiento de las redes sociales no se debe a Facebook ni a LinkedIn. En efecto, este tipo de red se analiza desde 1929, año en el que Frigyes Karinthy, un escritor húngaro, presentó su teoría de los seis grados de separación. ¿Ya has pensado alguna vez «¡Qué pequeño es el mundo!» al darte cuenta de que un compatriota que has conocido al otro lado del mundo conocía, como tú, a tal o cual persona? En torno a esta idea se articula la teoría de Frigyes Karinthy, que precisa que todo el mundo, en cualquier parte del planeta, puede contactar a cualquier persona a través de cinco individuos, siendo uno de ellos un conocido personal directo.

El mundo es pequeño; es un hecho. Por lo tanto, una buena red debería permitirte conocer a la persona que quieras, ¡sea quien sea! Y en la actualidad existen herramientas que hacen ese trabajo por ti: Viadeo y LinkedIn muestran en algunos clics las relaciones intermediarias que te llevarán hasta la persona que quieres alcanzar.

«Encontré mi primer empleo gracias al networking. Acababa de terminar mis estudios en el IHECS, y mi entorno sabía que de vez en cuando hacía trabajitos como diseñadora gráfica. El novio de una amiga —que también había estudiado en el mismo lugar— trabajaba en una start-up tecnológica que buscaba un perfil como el mío. Así que me lo propuse y en seguida me presenté en las oficinas. Una vez allí, me crucé con otra conocida, también antigua alumna del IHECS. De unas veinte personas empleadas en la empresa, yo ya conocía a dos que me podían recomendar al jefe después de mi entrevista. Y lo cierto es que al día siguiente, a las nueve de la mañana, había conseguido el trabajo». Thomas, Product Designer y diseñador gráfico.

«El networking es la base de todo ascenso hacia un puesto sénior. Entre otras cosas, me ha permitido pasar de júnior a vicepresidente en 10 años. [...] He podido conocer de forma personal a los dirigentes más sénior de la empresa a nivel mundial. Esto solo ha sido posible gracias al networking». Marc, vicepresidente de una institución financiera.

¿CÓMO CREO MI RED?

Encuentros IRL (*In Real Life*)

A pesar de que vivimos en la era digital, no hay nada que sustituya los encuentros reales para crear y ampliar tu red de contactos. Son numerosas las ocasiones en las que podemos conocer a gente interesante: coloquios, conferencias, debates, salones, talleres de formación, acontecimientos profesionales o sociales, veladas *afterwork*, espacios de *coworking*, exposiciones, concursos y competiciones, reuniones de antiguos alumnos, etc. Escoge los acontecimientos en función de tu perfil, de tus centros de interés y, sobre todo, en función de tu proyecto.

Durante estos acontecimientos, es importante mostrarse natural, pero esto no significa que no haya que prepararse. Así nos lo explica Laure-Anne, Social Editor & Food Expert: «Dejo que actúe la espontaneidad, pero, por supuesto, presento brevemente en qué consiste mi trabajo, cuál es mi cartera de clientes, etc.».

- Antes del acontecimiento:
  - infórmate sobre las personas que asistirán (por ejemplo, a través de LinkedIn). Incluso puedes contactarlas antes y hacerles saber que estarías encantado de conocerlas;
  - comparte el acontecimiento en tus redes sociales para que la gente sepa que acudirás;
  - sigue en Twitter el *hashtag* del acontecimiento; hazlo también durante y después del acontecimiento;
  - prepara una pequeña presentación sobre ti en 30 segundos —lo que llamamos *elevator pitch*;
  - prepara tus tarjetas de visita.

EL ELEVATOR PITCH

Imagínate en un ascensor con el jefe de la empresa en la que siempre has querido trabajar. Tienes que presentarte de manera eficaz en menos de 30 segundos: es lo que llamamos *elevator pitch*.

En un acontecimiento de *networking*, tendrás que presentarse en infinitas ocasiones y en muy poco tiempo. Ahí será esencial despertar la curiosidad de tu interlocutor para que solo quiera una cosa: pedirte tu tarjeta de visita. Tu *pitch* debe ser breve, sorprendente y seductor, pero siempre indicando quién eres, qué propones, cuál es tu valor añadido y cómo esto puede beneficiar al otro. En resumen:

- sé claro y conciso;
- salte del molde, sé original;
- identifica tu valor añadido;
- no hables demasiado rápido y marca silencios en el momento oportuno;
- da únicamente información esencial;
- prepara y repite tu pitch antes para que todo sea perfecto el día D.

- Durante el acontecimiento:
  - llega pronto. Así, podrás conversar con los organizadores, que seguramente te presentarán a otros participantes que también hayan llegado pronto;
  - muéstrate sonriente y siempre optimista;
  - no hables a espaldas de tus jefes o de tus colegas,

antiguos o actuales;
- ◦ no distribuyas una ronda de tarjetas de visita, puesto que darlas a todo el mundo es igual que no dárselas a nadie. Selecciona tus contactos y da tu tarjeta solo si te la piden;
- ◦ relájate y disfruta. Ve hacia los demás y los demás vendrán hacia ti;
- ◦ escucha con atención y sinceridad a los participantes —por ejemplo, no busques con la mirada a tu próximo interlocutor mientras alguien te está hablando;
- ◦ haz preguntas y propón una eventual colaboración en el momento adecuado;
- ◦ deja que los demás invitados tengan la posibilidad de conocer a otras personas. Intenta no hablar más de cinco minutos y deja que la conversación se acabe, agradece a tu interlocutor y no olvides coger su tarjeta de visita.
- Después del acontecimiento:
- ◦ reacciona al acontecimiento en las redes sociales. Es posible que establezcas vínculos con las personas que comparten tus impresiones;
- ◦ mantén tus compromisos. Si has hablado de un artículo a un participante, envíaselo por correo electrónico rápidamente;
- ◦ para no caer en el olvido, envía una nota a cada persona que has conocido, establece un vínculo en LinkedIn y, eventualmente, sugiere un nuevo encuentro tomando algo para seguir con la conversación;
- ◦ si has fijado una cita durante el acontecimiento, confírmala.

Encuentros virtuales

Hacer contactos es compartir. ¿Existe una herramienta mejor que internet para ello? En la web se multiplican por decenas las páginas web de redes sociales, a cada cual más útil, para dar cuerpo a tu agenda de contactos. Sea cual sea tu perfil o tu proyecto, existe una red social hecha a tu medida.

- LinkedIn: ¡la red social profesional por excelencia! Es el lugar ideal para entablar relaciones profesionales con tus antiguos colegas, tus compañeros de facultad o tus futuros jefes. Para destacar con respecto a los millones de usuarios, rellena por entero tu perfil: pon una foto, detalla tu experiencia y sé preciso en tu descripción. A continuación, añade a personas de tu red invitándolas personalmente o pidiéndole a LinkedIn que te haga sugerencias.

LO QUE HAY QUE EVITAR

- Poner una foto de perfil con tu hijo o con tu grupo de amigos: escoge más bien una foto profesional en la que aparezcas solo.
- Enviar invitaciones por defecto: cuando invites una persona para que se una a tu red, borra el texto por defecto y redacta un mensaje de invitación original y personalizado.
- Ser pasivo: tus nuevas relaciones no van a llover del cielo, únete a grupos en relación con tus centros de interés y mantente activo.

- Minimizar tu experiencia: no mencionar tus trabajos de verano, tus antiguos empleos y tus actividades de voluntariado es un error. Los reclutadores le dan mucha más importancia de la que te imaginas.

- Viadeo: la primera red social profesional europea, mucho más concentrada en Europa y en los mercados emergentes. Nada te impide estar inscrito a la vez en LinkedIn y en Viadeo. Al contrario, esto aumentará tus posibilidades de completar tu agenda de contactos.

- Twitter: ¡no imaginas lo que puede aportar a tu carrera una comunicación en 140 caracteres! Sigue a las personas que te interesan y destaca por tu originalidad, como Thomas, Product Designer & diseñador gráfico:

> «En Twitter, intento crearme una legitimidad como diseñador y actor de la web. Esto lleva su tiempo (meses, incluso años) y es necesario compartir contenido de calidad y encontrar un estilo de comunicación propio. Pero al final da resultado: gente que trabaja en el mismo sector termina por seguirme o por debatir conmigo acerca de temas que nos interesan. Por lo tanto, los intercambios son productivos y, sobre todo, pertinentes».

- Facebook: el líder de las redes sociales del gran público. Mientras que unos prefieren reservar Facebook para su vida privada, otros lo utilizan con fines profesionales, como Benoît, Webmarketer:

> «Mi página de Facebook no está reservada a un círculo cerrado de amistades. Lo abro a mucha gente, incluidas algu-

> nas personas que todavía no conozco. Entro en contacto con gente a través de reflexiones o a través del humor, y a continuación nos encontramos. Comparto algunas fotos, datos sobre mi vida personal, pero nada muy íntimo. Muestro mi personalidad a través de mis publicaciones».

- Además, nada te impide mantener tu cuenta privada y crear una página Facebook profesional.
- Google Plus: la red social más grande del mundo después de Facebook. Puedes compartir contenido en ella, crear círculos de contactos dentro de tus redes y crear una página de empresa a partir de tu cuenta personal para conectarte con otros usuarios.
- Pinterest: la plataforma que te permite crear tableros *pineando* tus centros de interés. ¿Confeccionas vestidos o creas magníficos *cupcakes*? ¡Esta página web, compuesta esencialmente por un público femenino, está hecha para ti! *Pinea* tus más bonitas creaciones y conecta con otras personas que comparten las mismas pasiones que tú.
- Instagram: la aplicación más utilizada a nivel mundial para compartir fotos. Crea una cuenta sugerente, con un tema bien definido, sigue las cuentas de personajes influyentes en tu sector de actividad y, sobre todo, ¡inspira a los demás con tus propias fotos!
- Flickr: un sitio web para compartir fotos y vídeos dedicado más en especial a los profesionales de la imagen. ¿Eres fotógrafo, pintor, artista, diseñador gráfico o creador? Mantente visible en Flickr, conecta con otros apasionados. Y no olvides utilizar *tags* para que las fotos estén bien referenciadas en el sitio.
- Myspace: el sitio web imprescindible para hacer contactos si te dedicas a la música. Tu espacio web personalizado te

permitirá presentar tus composiciones musicales al gran público. ¿Sabías, por ejemplo, que las páginas Myspace de algunos músicos registran más visitas que su página web oficial? Lánzate y crea tu propio universo musical para desmarcarte de los demás.

MANTENER TU RED: ¿CÓMO Y POR QUÉ?

¿Qué crees que pasaría si solo llamases a tus contactos cuando necesitaras su ayuda? Seguramente ya te habrá pasado que has recibido una llamada interesada de una persona de la que no has tenido noticias desde hace años. Es frustrante y no dan especialmente ganas de ayudar al otro. Por eso es importante mantener tu red con contactos regulares y desinteresados. ¿Cómo?

- Mantente al tanto de la vida de tus contactos y felicítalos cuando obtengan éxitos profesionales o cuando consigan un nuevo trabajo, por ejemplo.
- Llama de vez en cuando para saludar. Nada mejor para sorprender al otro y reforzar la red.
- Envía felicitaciones navideñas de forma original.
- ¿Ves un artículo que puede interesar a uno de tus contactos? ¡Envíaselo!
- Organiza de manera regular encuentros reales (comidas, reuniones, etc.).
- De vez en cuando, dale a «me gusta» en Facebook en los estatus de tus contactos o coméntalos.
- Acuérdate de las fechas importantes. ¿Justo hoy tenía tu colega una presentación crucial? Pregúntale cómo le ha ido. Le impresionará saber que te has acordado.

- Haz favores cuando se presente la ocasión.

EL *NETWORKER*, ¿UN OPORTUNISTA?

Utilizar tu red de contactos para alcanzar tus objetivos puede parecer oportunista. Sin embargo, hay que tener claro que el *networking* funciona basándose en el principio de que todos ganan. No se trata de tomar todo lo que se pueda sin dar nada a cambio. Como nos explica Damien Colmant, Business Coach, «los tres ingredientes para una buena actitud de *networking* son: dar, pedir y agradecer. Tal y como pasa con una receta de cocina, si se olvida uno de estos ingredientes, el resultado será probablemente pésimo».

Dar, pedir y agradecer

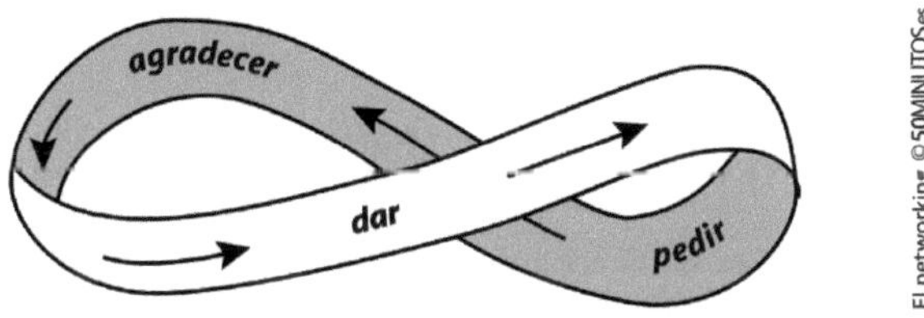

Da: en *networking*, las personas más activas son las que más reciben. ¡No te muestres calculador! Ofrece tu ayuda en cuanto la ocasión se presente. Primero obtendrás la satisfacción de haber sido útil y recibirás más a cambio.

«Trabajé durante 18 meses en Groupon Belgium. Allí conocí a Annelies, una colega neerlandófona que se convirtió muy rápidamente en mi pareja de trabajo en el día a día. A continuación, me contrataron en Havas Media. Cuando hubo que buscar un nuevo talento neerlandófono, le presenté Annelies al mánager del equipo y acabaron ofreciéndole un trabajo. Yo mismo entré en Havas Media también a través de una persona con la que había estudiado». Laure-Anne, Social Editor & Food Expert.

- Pide: no pienses que los demás van a adivinar lo que esperas de ellos. Expresa tus peticiones de manera clara y respetuosa para dar a tus interlocutores la posibilidad de que te ayuden.
- Agradecer: decir gracias no cuesta nada, pero tiene un valor incalculable. Puede que tus contactos pierdan las ganas de ayudarte si no les das nunca las gracias. Sé sincero en tus agradecimientos y expresa claramente qué te ha agradado.

¿SABÍAS QUE...?

Si bien el *networking* es un trampolín para obtener el trabajo de tu vida o para catapultar tu carrera hacia la cumbre, lo cierto es que no se resume solo en eso. Hacer contactos también te permitirá:

- ser conocido por muchas más personas. La gente se acordará más fácilmente de quién es usted si puede asociar una cara a tu nombre;
- enriquecerte desde un punto de vista personal;
- demostrar tu espíritu creativo exponiendo tus propias ideas;
- aprender más sobre las técnicas profesionales de tus iguales;
- mantenerte al tanto de las últimas tendencias de

tu sector de actividad;

- ampliar horizontes;
- adquirir nuevas ideas y nuevos conocimientos;
- recibir información valiosa antes que los demás;
- beneficiarte de consejos de colegas con más experiencia;
- poner en contacto a personas de tu red;
- saber la opinión de otras personas acerca de un futuro proveedor, por ejemplo.

LOS MEJORES CONSEJOS

- No esperes a las grandes ocasiones para ampliar tu red. Estate abierto a los encuentros en el día a día: en el gimnasio, haciendo la cola o en una velada con amigos. La «actitud de *networking*», según Thomas, Product Designer & diseñador gráfico, es «tener la mente abierta, interesarse en los demás y en lo que hacen. También significa ser proactivo, puesto que si no vamos detrás de la gente, esta tampoco vendrá detrás de nosotros».
- Cuando se está organizando un acontecimiento, no seas el último en enterarte. Para estar al tanto de los próximos acontecimientos, abónate a los boletines informativos de tu sector de actividad, sigue blogs y cuentas en Twitter de personas influyentes, únete a grupos en LinkedIn y en Viadeo, dale a «me gusta» a las páginas en Facebook de tu ciudad o de ciertas asociaciones, etc.
- ¿Tu trayectoria no es la habitual y es, incluso, caótica? ¡Mejor! Tu particularidad es tu mayor ventaja. Resáltalo.

> «Tengo un perfil un tanto híbrido, dado que he estudiado publicidad y marketing, y he empezado una carrera de diseñador digital. Aprovecho siempre para presentar estas dos facetas de mis competencias, y una u otra me permite a menudo relacionarme con la persona que tengo enfrente». Thomas, Product Designer & diseñador gráfico.

- Cuando estés en un acontecimiento, actúa de manera natural y distendida, habla con la mayor cantidad posible de personas y respeta la regla de los cinco minutos. Estás ahí para incrementar los encuentros; los otros, también.

Sé interesante, pero no monopolices el tiempo de tus interlocutores. Siempre será posible continuar esa conversación en un próximo encuentro.

- Cuenta historias para que se acuerden de ti: es lo que llamamos el *storytelling*.

> «Los miembros de su red a los que les cuentes los éxitos de su empresa tendrán más posibilidades de recomendarte, siempre y cuando esas historias sean verdaderas, consecuentes y seductoras [...]. Escoge una historia completamente seductora, que pida a gritos ser compartida y que a los miembros de tu red les cueste no contarla»[1]. Misner y Donovan 2012, 165.

- Cuida tu red. Es esencial recordar a las personas de tu red que estás ahí «y, sobre todo, departir mucho a través de Twitter. No hay que dudar en seguir a una compañía que nos gusta, recalcar el trabajo bien hecho cuando sacan un nuevo producto, seguir a la gente que trabaja en esa sociedad», recuerda Thomas, Product Designer & diseñador gráfico. Habla de tu proyecto en tu entorno, incluso a las personas que no parecen estar en medida de ayudarte. ¡A veces la vida nos sorprende!

> «Encontré mi trabajo porque una amiga en Facebook vio que estaba buscando empleo. Me pidió que le enviara mi CV, se lo remitió a algunas personas que conocía en varias agencias y, a la semana siguiente, recibí tres ofertas reales». Candice, Business Consultant New Media.

- ¡Escucha! «Los mejores *networkers* son a menudo gente

---

1. Cita traducida por 50Minutos.es

que escucha a los demás, no buenos oradores»[2] (Myers 2007, 5).

- Mantén la mente abierta y sé simpático con todo el mundo. El *networking* no consiste en crearse un nuevo círculo de amigos. Es muy posible crear una relación de trabajo fuerte y sincera con una persona que sea muy diferente a ti.

- Da sin calcular, porque sentirse útil es gratificante y porque recibirás algo a cambio más tarde. Ayudar a los demás también te permite reafirmar constantemente tu presencia.

> «Propongo ayuda cuando siento que es necesaria, sin esperar a que me pidan algo. Y hago que las personas de la red entiendan que el interés es bilateral». Marc, vicepresidente de una institución financiera.

- ¡Atrévete! Para avanzar, hay que atreverse a tomar riesgos. Sal de tu zona de confort y conoce a otras personas sin vacilaciones. No tenga miedo de hacer las cosas de una forma distinta a los demás: tu originalidad te hará sobresalir frente a la multitud.

---

2. Cita traducida por 50Minutos.es

PREGUNTAS FRECUENTES

¿DESARROLLAR MI RED NO SIGNIFICA «UTILIZAR» A LA GENTE QUE ME RODEA?

El *networking* solo es eficaz si el interés es recíproco. Por supuesto, puedes intentar tomar el máximo posible sin nunca dar nada a cambio, pero los otros miembros de tu red se darán cuenta muy rápidamente y ya no estarán motivados para ayudarte. Corres el riesgo de perder la confianza de los demás y de autoexcluirte de esta red de contactos que has construido.

PEQUEÑO PLUS

Cuidado, reciprocidad no quiere decir retorno inmediato de lo invertido. Haz favores y mantente disponible para crear vínculos relacionales fuertes. Si eres un miembro activo de una red, los otros miembros pensarán espontáneamente en ti cuando se presente la ocasión de recomendarte. Actúa como un agricultor, siembra con generosidad y cosecharás el fruto de tus esfuerzos cuando llegue el momento.

¿DÓNDE Y CUÁNDO HACER *NETWORKING*?

Crear y ampliar tu red de contactos puede hacerse en todas partes y en cualquier momento. Quizás no lo sepas, pero tu vecino podría conocer a una persona influyente en tu sector de actividad, o tu peluquera quizás le hablará de tu proyecto artístico a su suegro, que precisamente es director de una galería de arte. Habla con la gente que te rodea y confía en el poder del boca a boca.

Más allá de estas relaciones debidas al azar, también es esencial conocer a personas que pueden tener una influencia directa en tu proyecto. Para ello, es indispensable definir claramente tus objetivos. ¿Eres músico y quieres darte a conocer? Frecuenta los espacios de conciertos, toca en la calle, comparte tus vídeos en tu canal de Youtube. ¿Creas joyas y quieres comercializarlas? Participa en salones de artesanía y únete a grupos en Facebook dedicados a la moda. En resumen, escoge tus acontecimientos y ganarás en eficacia.

¿QUÉ HAGO SI SOY TÍMIDO?

Antes que nada, tienes que saber que la timidez es un fenómeno común. Piensa que cuando acudes a un acontecimiento donde no conoces a nadie, la mayoría de los invitados están en la misma situación que tú. Efectivamente, es completamente normal sentirse intimidado cuando uno se encuentra frente a personas que no conoce. ¿Sabía que, por ejemplo, Napoleón y Jacques Brel eran muy tímidos? Sin embargo, eso no les impidió llevar a cabo grandes acciones.

La timidez no es un defecto. Al contrario, forma parte de tu carácter y de tu encanto. Por lo tanto, no dejes que se convierta en un obstáculo para tus deseos y proyectos, y no permitas que pasen por delante de ti oportunidades y encuentros enriquecedores. Recuerda que nadie es perfecto y sigue estos consejos cuando entables una conversación con un desconocido:

- escucha al otro y reacciona ante lo que ha dicho en vez de pensar en lo que podrías decir tú a continuación;
- haz preguntas abiertas para provocar la conversación. No preguntes «¿Le ha gustado la conferencia?», sino más bien «¿Qué le ha parecido la conferencia?»;
- no te estreses si hay un silencio en la conversación. Es completamente natural y no quiere decir que no seas interesante;
- mira a tu interlocutor a los ojos y sonríe;
- sé tú mismo, tu personalidad se encargará del resto;
- si de verdad te sientes muy incómodo, dilo. Te sentirás mucho mejor y tu interlocutor será el primero en tranquilizarte y en hacerte sentir cómodo;
- acude con un amigo, pero no os quedéis pegados, puesto que corres el riesgo de no conocer a nadie.

¿CÓMO CREO UNA RED DE CONTACTOS SI ME FALTA TIEMPO?

No olvides que el *networking* es un estilo de vida que se practica en todas partes y en cualquier momento. Una actividad de *networking* puede integrarse muy fácilmente en tu agenda. Por ejemplo, no comas nunca solo durante la pausa en el trabajo. Aprovecha la comida para compartirla con un colega o una persona externa a tu empresa. También puedes ampliar fácilmente tu red de contactos en tu vida diaria: cuando hablas con otros padres a la salida de la escuela, en tus clases en el gimnasio, durante una comida familiar, en una salida con amigos, etc. no olvides que construir una red toma su tiempo y que los resultados no son inmediatos.

«Al fin y al cabo, construirse una red es algo que va lento. Un agricultor siembra para cosechar solo de 6 a 9 meses más tarde. Mientras tanto, habrá invertido tiempo en el mantenimiento de su campo. Tal y como hace el agricultor, hay que saber ser paciente antes de que nuestros esfuerzos de networking den resultado. La razón es que hay que respetar el ritmo de la gente, crear vínculos, cuidarlos y aceptar cometer errores». Damien Colmant, Business Coach.

¿CÓMO PUEDO INTERESAR A LOS DEMÁS SI NO TENGO DEMASIADA CONVERSACIÓN?

El arte de la escucha es más importante que el arte de la conversación. La persona que escucha se ganará más fácilmente la simpatía de su interlocutor que la persona que hace un monólogo infinito. Por lo tanto, no te pongas demasiada presión.

Interésate por el otro y deja que te hable de su empresa, de sus clientes o de sus pasiones. A continuación, identifica los puntos en común y explótalos. ¿Tu interlocutor menciona su partido de tenis de ayer y precisamente tú juegas al tenis? Díselo. Nadie te pide que hables de la situación geopolítica del Líbano o del proceso de reproducción de la hormiga argentina.

Conocer a una persona no significa demostrarle hasta qué punto eres inteligente. De hecho, ser inteligente y ser interesante no son para nada lo mismo. Habla con entusiasmo acerca de temas que te apasionen y tu interlocutor pensará de inmediato que eres interesante. Para acabar, si te aterra tu falta de conversación, prepárate antes e infórmate, por ejemplo, sobre los temas de la velada, o identifica algunas anécdotas que podrían interesar a cualquiera: «¿Sabía que esta exposición ha sido organizada por Woody Allen?». En resumen, cuenta historias, eso siempre gusta.

NUNCA SÉ CÓMO ABORDAR A LA GENTE. ¿CÓMO PROCEDO?

* Incluso si te sientes a gusto en las conversaciones, no siempre es fácil acercarse a alguien que no conoces.
* Empieza por recordar que la mayoría de los participantes también han venido solos y están pidiendo a gritos hablar contigo.
* Da la oportunidad a los demás de que se acerquen a ti llevando un accesorio original: una identificación con tu nombre en forma de tarta si elaboras pasteles, una camiseta original que suscitará los comentarios de los otros invitados o pendientes de creación propia.
* Otro elemento importante: ponte ropa que te saque partido y con la que te sientas bien. Causarás buena impresión y te acercarás más fácilmente a los demás si te encuentras cómodo con tu ropa, en vez de verte inestable con unos tacones de diez centímetros de altura.
* Para acabar, aprovecha el acontecimiento y diviértete. Pasarás un buen momento y provocarás el deseo en los demás participantes de venir a hablar contigo. Porque, ¿quién quiere hablar con el gruñón que sorbe su vaso solo en una esquina?

¡AHORA ES TU TURNO!

Ha llegado el momento de lanzarse. ¿Mañana? ¡No, hoy! Recuerda que la cualidad esencial que hará de ti un buen *networker* es tu motivación. ¿No sabes por dónde empezar? Sigue paso a paso estos ejercicios y sumérgete en la apasionante aventura del *networking*.

TUS CONTACTOS

¿Te da la impresión de que partes de cero y eso te aterra? ¡Olvida esa idea! No lo sabes, pero ya has practicado el *networking* y tu red de contactos ya existe. Tú, como todo el mundo, conoces a un número increíble de personas. Solo tienes que mirar el número de amigos en Facebook para convencerte. Y al interactuar con estas personas, ya ha cosechado el fruto del *networking*. Toma una hoja, un bolígrafo y empieza:

- haz una lista de veinte personas que conozcas, y anota al lado el vínculo que os une y tres palabras que las caracterizan.
- Por ejemplo: Éric Leonard, colega —contable, tenis, teatro;
- escribe tres favores que tus contactos te han hecho en algún momento.
- Por ejemplo: el verano pasado, mi vecino me prestó el cortacésped de su padre para cortar la hierba de mi jardín;
- escribe tres favores que hayas hecho por tus contactos.
- Por ejemplo: cuando mi antigua colega Caroline perdió su trabajo, le hablé de ella a mi jefe y, en la actualidad,

trabaja en mi equipo.

Como ves, tu red ya cuenta con contactos interesantes y ya has llevado a cabo el *networking*. Ahora ya solo queda enriquecer esa red y cuidarla de manera consciente.

TU PROYECTO

No llegarás a ser un buen *networker* si tu proyecto no está claramente definido. Sin ello, es probable que multipliques los encuentros sin saber bien por qué y pierdas credibilidad a ojos de los demás. Define tu proyecto respondiendo a estas preguntas:

- ¿Cuáles son tus competencias? ¿Qué te gusta hacer y qué sabes hacer?
- ¿Qué quieres hacer? Completa esta frase: en un mundo ideal, me gustaría ser/hacer...
- ¿Qué te lo impide?
- ¿Qué podrías llevar a cabo para realizar tu proyecto?
- Haz una lista de lo que es primordial para ti (sueldo, lugar de trabajo, satisfacción, etc.).

EL *ELEVATOR PITCH*

Recuerda la importancia del *elevator pitch*, sobre todo si no te siente a gusto cuando te presentas ante alguien que no conoces. Debe ser breve, sorprendente y seductor, siempre indicando quién eres, qué propones, cuál es tu valor añadido y qué beneficios supone para el otro.

- Escribe tu *pitch* en 10 líneas como mucho.

- Repítelo ante tres personas diferentes (amigos, colegas o miembros de tu familia).
- Vuelve a trabajarlo teniendo en cuenta los comentarios de tu entorno.
- Repítelo hasta la saciedad, hasta que te sientas totalmente cómodo.

EL *STORYTELLING*

Tal y como hemos indicado más arriba, contar historias fascinantes suscitará el interés y la escucha de tus interlocutores. ¿Crees que no tienes nunca historias que contar? Es mentira. Simplemente, no vas bien preparado.

Intenta acordarte de tres historias auténticas y apasionantes que te hayan sucedido en tu vida y prueba a contarlas. Esas historias no tienen por qué tener un vínculo con su vida profesional.

LAS REDES SOCIALES

Identifica las redes sociales más apropiadas para su proyecto y, si no lo has hecho ya, inscríbete. No descuides la creación de tu perfil e invita a personas a que se conecten contigo. Si ya estás inscrito, haz una gran limpieza. Clasifica tus relaciones, completa tu perfil y publica contenido.

¡Tu opinión nos interesa!
¡Deja un comentario en la página web de tu librería en línea,
y comparte tus favoritos en las redes sociales!

PARA IR MÁS ALLÁ

FUENTES BIBLIOGRÁFICAS

- Colmant, Damien. 2008. "Le networking à la portée de tous?". *Horizons Saint-Michel,* n.º 66, p. 11-13.
- Misner, Ivan R. y Michelle R. Donovan. 2012. *Réussir grâce au bouche-à-oreille. 52 stratégies pour un networking performant.* París: Dunod.
- Myers, Ford R. 2007. "Networking —the core of your search". En *Career Hub: Insider's guide to networking.* Editado por Louise Fletcher. Consultado el 20 de octubre de 2016. http://careerhub. typepad.com/careerhub_guide_to_networking.pdf
- Préaux, Céline. 2015. "Le networking pour les nuls: 10 astuces". *References.* Consultado el 20 de octubre de 2016. http://www.references.be/carriere/evoluer/networking/Le-networking-pour-les-nuls-10-astuces
- Michael Page, "Qu'est-ce que le networking?". Consultado el 20 de octubre de 2016. http:// www.michaelpage.fr/career-center/avantages-networking-recherche-emploi.html
- Connexion carrière, "Le réseautage". Consultado el 20 de octubre de 2016. http://connexion carriere.ca/vos-outils/reseautage
- Tactic web, "Le networking: un outil essentiel pour développer son business". Consultado el 20 de octubre de 2016. http://tacticweb.fr/27-03-2013/non-classe/le-networking-un-outil-pour-le-business/article2867
- Zack, Devora y Jeremy Sullivan. 2011. *Cultiver son réseau quand on déteste réseauter.* Issy-les-Moulineaux: ESF

Éditeur.

FUENTES COMPLEMENTARIAS

- Balagué, Christine y David Fayon. 2012. *Réseaux sociaux et entreprise : les bonnes pratiques. Facebook, Twitter, Google +, LinkedIn, YouTube....* Montreuil: Pearson.
- Bommelaer, Hervé. 2012. *Booster sa carrière grâce au réseau.* París: Eyrolles.
- Kawasaki, Guy y Peg Fitzpatrick. 2015. *L'art des médias sociaux. Stratégies gagnantes pour un usage professionnel.* Estrasburgo: Diateino.

en50MINUTOS.es
Historia
Economía y empresa
Coaching
EL DIAGRAMA DE ISHIKAWA
Solucionar los problemas desde su raíz
Material Método Máquina
Madre Naturaleza Medida Hombres
Economía y empresa
LA GUERRA DE PALESTINA DE 1948
DOMINA EL ARTE DEL NETWORKING